H.Dv.g. 7
M.Dv.Nr. 534
L.Dv.g. 7

Prüf- Nr. 006671

Geheim!

Allgemeine Schlüsselregeln für die Wehrmacht

Vom 1. 4. 1944

Oberkommando der Wehrmacht
**Chef Wehrmacht-
nachrichtenverbindungen**   Berlin, den 1. 4. 1944

Ich genehmige die Neufassung der Vorschrift

H.Dv.g. 7
M.Dv.Nr. 534
L.Dv.g. 7

„Allgemeine Schlüsselregeln für die Wehrmacht"
vom 1. 4. 1944.

Mit Ausgabe dieser Vorschrift tritt die Vorschrift „Allgemeine Schlüsselregeln für die Wehrmacht" H. Dv. g. 7, M. Dv. Nr. 534, L. Dv. g. 7 vom 13. 1. 1940 außer Kraft.

Im Auftrage:

Fellgiebel

Zweck dieser Veröffentlichung ist gemäß §86 Absatz 3 StGB die Bereitstellung von Informationen für die Wissenschaft und die Berichterstattung über Vorgänge der Geschichte. Falls im Originaldokument Symbole verfassungswidriger Organisationen (§86a StGB) enthalten waren, wurden diese entfernt oder durch buchstäbliche Beschreibungen ersetzt.

Bibliografische Informationen der Deutschen Nationalbibliothek:
Die Deutsche Nationalbibliothek verzeichnet diese Publikation in der Deutschen Nationalbibliografie; detaillierte bibliografische Daten sind im Internet über http://dnb.dnb.de abrufbar.

© 2019 Thomas Heise
Herstellung und Verlag:
BoD - Books on Demand, Norderstedt

ISBN: 978-3-7431-9385-7

Inhaltsverzeichnis

Grundsätzlicher Befehl .... Seite 4

A. Allgemeines

		Ziffer	Seite
I.	Geltungsbereich und Zweck der Vorschrift	1 - 2	5
II.	Erklärung von Begriffen und Bezeichnungen	3	5
III.	Schlüsselpersonal	4 - 6	6
IV.	Geheimhaltung	7 - 12	7

B. Schlüsselverfahren

I.	Anwendung der Schlüsselverfahren	13 - 16	8
II.	Arten der Schlüsselverfahren	17 - 18	9
III.	Für alle Schlüsselverfahren gültige Bestimmungen	19 - 36	10
IV.	Kennzeichnung der Schlüssel	37 – 39	15
V.	Gültigkeit und Verwendung der Schlüssel	40 – 43	15

C. Ergänzende Bestimmungen

I.	Herstellung und Ausgabe der Schlüssel	44 - 56	16
II.	Aufbewahrung der Schlüssel und Schlüsselmittel	57 - 63	18
III.	Übungsschlüssel	64 - 69	19
IV.	Öffentliche Bekanntgabe von Schlüsselsprüchen ..	70	20
V.	Behandlung erbeuteter feindlicher Schlüsselunterlagen	71 - 72	20

Anhang

Anlage 1
Anweisung für das Abfassen von zu verschlüsselnden Nachrichten   21

Anlage 2
Muster einer Verpflichtungsverhandlung für Nachrichtenpersonal   23

Anlage 3
Auszug aus dem „Merkblatt über Einrichtung und Benutzung von Kurier- und Befehlsempfängerabteilen"   25

Anlage 4
Auszug aus den Strafbestimmungen   26
Verordnung gegen Bestechung und Geheimnisverrat nichtbeamteter Personen   32

Der Führer und Oberste
Befehlshaber der Wehrmacht Berlin, den 11. Januar 1940

Grundsätzlicher Befehl!

1. Niemand, keine Dienststelle, kein Offizier, dürfen von einer geheimzuhaltenden Sache erfahren, wenn sie nicht aus dienstlichen Gründen unbedingt davon Kenntnis erhalten müssen.

2. Keine Dienststelle und kein Offizier dürfen von einer geheimzuhaltenden Sache mehr erfahren, als für die Durchführung ihrer Aufgabe unbedingt erforderlich ist.

3. Keine Dienststelle und kein Offizier dürfen von einer geheimzuhaltenden Sache bzw. den für sie notwendigen Teil früher erfahren, als dies für die Durchführung ihrer Aufgabe unbedingt erforderlich ist.

4. Das gedankenlose Weitergeben von Befehlen, deren Geheimhaltung von entscheidender Bedeutung ist, laut irgendwelcher allgemeiner Verteilungsschlüssel, ist verboten.

A. Allgemeines

I. Geltungsbereich und Zweck der Vorschrift

1. Die Vorschrift „Allgemeine Schlüsselregeln für die Wehrmacht" ist für alle Wehrmachtteile und Behörden gültig. Sie regelt einheitlich die Anwendung der Schlüsselverfahren für den Austausch geheimer Nachrichten innerhalb der Wehrmachtteile und im Querverkehr mit anderen Wehrmachtteilen und Behörden. Für den Schlüsseldienst **innerhalb der Kriegsmarine** sind teilweise abweichende Anordnungen in Kraft, die durch die vorliegende Vorschrift nicht berührt werden.

2. Alle Schlüßler müssen die Bestimmungen dieser Vorschrift **genau** kennen, um den Schlüsseldienst schnell und reibungslos abwickeln zu können.

II. Erklärung von Begriffen und Bezeichnungen

3. **Klartext** (offener Wortlaut) ist in offener Sprache geschriebener Text.
Klartextentwurf ist der beim Entschlüsseln unmittelbar niedergeschriebene Klartext. Er enthält noch keine Wortabstände. Umlaute sind noch in Einzelselbstlaute aufgelöst. ch und ck sind (mit Ausnahme bei der Kriegsmarine) durch q ersetzt usw.
Schlüsseltext (Geheimtext) ist ein nach einem bestimmten Schlüssel umgewandelter Klartext.
Verschlüsseln heißt umwandeln eines Klartextes in Schlüsseltext.
Entschlüsseln heißt Umwandeln eines Schlüsseltextes in Klartext.
Schlüsseln kann sowohl Ver- als auch Entschlüsseln bedeuten.
Schlüsselverfahren ist das Gesetz, nach dem geschlüsselt wird.
Schlüssel (Schlüsselunterlagen) sind die wechselnden Unterlagen, mit deren Hilfe der Klartext in Schlüsseltext umgesetzt wird.
Schlüsselmittel sind die zum Schlüsseln erforderlichen Mittel. z.B. Schlüsselmaschine, Schlüsselfernschreibmaschine, Schlüsselzusatz zur Fernschreibmaschine, Schlüsselblock usw.
Kenngruppe dient zur Kennzeichnung des in einem Spruch angewendeten Schlüssels.

Spruchschlüssel ist die Angabe der vom Schlüßler für jeden Spruch willkürlich oder nach besonderen Bestimmungen zum Schlüsseln gewählten Anfangsstellung.

Wahlwörter sind vom Schlüßler selbst zu wählende Wörter, die zur Änderung oder Auffüllung bestimmter Sprüche erforderlich sind und die mit dem Spruchinhalt in keinem Zusammenhang stehen dürfen.

Schlüsselbereich ist der Bereich, in dem die gleichen Schlüsselunterlagen angewendet werden.

Gebrauchsschlüssel ist der für den planmäßigen Verkehr und einen bestimmten Zeitabschnitt gültige Schlüssel.

Ersatzschlüssel sind den Gebrauchsschlüsseln zugeordnet, gleichartige Schlüssel, die bei Bloßstellung für diese eingesetzt werden.

Notschlüssel sind Schlüssel, die in besonderen Fällen für bloßgestellte, vernichtete oder nicht rechtzeitig verteilte Gebrauchs- oder Ersatzschlüssel eingesetzt werden. Sie sind von den Schlüßlern nach besonderen Unterlagen selbst aufzustellen.

III. Schlüsselpersonal

4. Im Schlüsseln **auszubilden** und mit den Bestimmungen dieser Vorschrift vertraut zu machen sind solche **Offiziere aller Waffen** sowie **Unteroffiziere und Mannschaften** der **Nachrichtentruppe** und **Truppennachrichtenverbände**, die als Führer oder stellvertretende Führer von Nachrichtenstellen oder als Schlüßler verwendet werden sollen, ferner die Beamten, die für den Nachrichtenverkehr, insbesondere für den Schlüsseldienst, vorgesehen sind.

5. Sofern nicht genügend geeignete Schlüsselkräfte zur Verfügung stehen, können ausnahmsweise solche Angehörige des Wehrmachtgefolges (einschließlich Stabs- und Nachrichtenhelferinnen) hinzugezogen werden, die den für die Bearbeitung von Verschlußsachen gestellten Anforderungen entsprechen. Die Ziffern 27 bis 32 der H.Dv. 99, M.Dv.Nr. 9, L.Dv. 99 sind hierbei zu beachten.

   Einzelheiten regeln die Wehrmachtteile nach Maßgabe des ihnen zur Verfügung stehenden Personals.

6. **Der Einsatz im Schlüsseldienst** darf erst dann erfolgen, wenn die Ausbildung im Schlüsseln gründlich durchgeführt und abgeschlossen ist. Es muß auf jeden Fall vermieden werden, daß durch flüchtig ausgebildetes Personal Schlüsselfehler gemacht werden, die die Nachrichtenübermittlung verzögern und der feindlichen Nachrichtenaufklärung die Entzifferung ermöglichen.

IV. Geheimhaltung

7. Die Sicherheit der verschlüsselten Nachrichten beruht auf der unbedingten Geheimhaltung und sicheren Aufbewahrung von Schlüsselvorschriften, Schlüsselmitteln und Schlüsseln und deren vorschriftgemäßer Anwendung.

8. Es sind alle Maßnahmen zu treffen, um Bloßstellung und Verlust von Schlüsseln, Schlüsselmitteln und Schlüsselvorschriften auszuschließen.
   Verstöße gegen die Geheimhaltung und Aufbewahrung ebenso wie fehlerhafte und fahrlässige Anwendung geben dem Gegner die Möglichkeit des Einbruchs in die eigenen Schlüsselverfahren. Dies kann entscheidende nachteilige Folgen für die eigene Truppenführung zur Folge haben. Auch außer Kraft getretene Schlüssel und Schlüsselmittel gestatten dem Gegner wertvolle Rückschlüsse. Unbefugten Personen, insbesondere Ausländern (auch wenn sie zur Dienstleistung in der deutschen Wehrmacht kommandiert sind) und Pressevertretern ist die Einsichtnahme in Funkstellen, Diensträume usw., in denen geschlüsselt wird, zu verwehren. Pressevertretern und Kriegsberichtern gegenüber ist ausdrücklich zu betonen, daß irgendwelche Veröffentlichungen oder gesprächsweise Weiterverbreitungen über den Schlüsselbetrieb verboten sind.

9. Das **Photographieren** von Schlüsseln, Schlüsselmitteln und **Aufzeichnungen** aller Art hierüber ist verboten. Beim Photographieren von Nachrichtenstellen oder Nachrichtentrupps ist Vorsorge zu treffen, daß rechtzeitig alle Gegenstände entfernt werden, die der Geheimhaltung unterliegen.

10. Bei Dienststellen, die sich im Einsatz oder Einsatzgebiet befinden, sind alle Schlüsselunterlagen, Maschinen usw. ständig zur Vernichtung bereit zu halten.
    Es ist besser, Schlüssel, Schlüsselmittel und Schlüsselvorschriften in Einzelfällen zu früh und unnötiger Weise zu vernichten, als durch langes Warten die Vernichtung unter Umständen unmöglich zu machen.

11. Schlüssel, Schlüsselanleitungen und Schlüsselmittel sind im Sinne der „Verschlußsachenvorschrift" (H.Dv. 99, M.Dv.Nr. 9, L.Dv. 99) „geheim" oder „geheime Kommandosache".
    Jeder **Verstoß gegen die Geheimhaltungsvorschriften** ist militärischer Ungehorsam im Sinne des § 92 des Militärstrafgesetzbuchs und Zuwiderhandlung gegen Gebote und Verbote der Reichsregierung zur Sicherung der Landesverteidigung im Sinne des § 92b des Reichsstrafgesetzbuchs in Verbindung mit § 5a der Kriegssonderstrafrechtsverordnung bzw. Verrat militärischer Geheimnisse im Sinne des § 88 ff.

des Reichsstrafgesetzbuchs, soweit nicht andere Strafbestimmungen verletzt sind (siehe auch Anlagen 2 und 4).

12. Alle mit Schlüsselmitteln ausgerüsteten Dienststellen sind daher regelmäßig auf die Bestimmungen der Verschlußsachenvorschrift eindringlich hinzuweisen. Alle Personen, denen Schlüssel, Schlüsselmittel und -vorschriften zugänglich sind, müssen laufend überwacht und zur unbedingten Zuverlässigkeit und Verschwiegenheit erzogen werden. Sie sind **vor Aufnahme ihrer Tätigkeit** über die besondere **Verpflichtung zur Geheimhaltung** zu belehren. Über die erfolgte Belehrung ist eine Verpflichtungsverhandlung nach Anlage 2 aufzunehmen und den Personalpapieren beizuheften. Beim Wechsel der Dienststelle ist die Verhandlung neu aufzunehmen. Die Belehrung ist halbjährlich (1. 4. Und 1. 10.) zu wiederholen und listenmäßig festzulegen.

B. Schlüsselverfahren
I. Anwendung der Schlüsselverfahren

13. **Alle Nachrichten, deren Inhalt Unberufenen nicht bekannt werden soll, sind je nach Bedeutung und Bestimmung nach einem der von den Oberbefehlshabern der Wehrmachtteile vorgeschriebenen Schlüsselverfahren zu verschlüsseln.**

14. **Selbstständiges Einführen und Benutzen anderer Verfahren sowie Ändern der Schlüsselvorschriften ist verboten.**

15. Die Entscheidung darüber, ob eine Nachricht, abweichend von bestehenden Bestimmungen, im **Klartext** zu befördern ist, liegt beim Verfasser der Nachricht, nicht bei den mit dem Absetzen der Nachricht Betrauten (z. B. Leiter des Nachrichtenbetriebes, Schlüßlern, Funkern, Meldern).

    In solchen Fällen hat der taktische Führer die Pflicht, den Inhalt ganz besonders sorgfältig abzuwägen, damit der Gegner so wenig wie möglich Schlüsse daraus ziehen kann. Die Nachricht darf im Klartext nur befördert werden, wenn sie den Vermerk „Im Klartext befördern" trägt, der vom taktischen Führer mit vollem Namen und Dienstgrad zu unterschreiben ist.

16. In jedem Falle, in dem **Bloßstellung oder Verlust** von Schlüsselanleitungen, Schlüsseln oder Schlüsselmitteln vorliegt oder anzunehmen ist, ist nach den Bestimmungen der „Verschlußsachenvorschrift" zu verfahren (H.Dv. 99, M.Dv.Nr. 9, L.Dv. 99). Insbesondere sind die gemäß Ziffer 62 der „Verschlußsachenvorschrift" vorgeschriebenen Meldungen sofort und unmittelbar zu erstatten. Darüber hinaus ist sofort Meldung zu machen:
    a) Von Dienststellen des OKW an QKW/WNV/Fu.

b) von den Dienststellen der Wehrmachtteile an die Oberkommandos (OKH, OKM, OKL) nach den von den Wehrmachtteilen hierfür erlassenen besonderen Vorschriften.

Gleichzeitig ist die zuständige Abwehrstelle zu benachrichtigen. Die Meldung muß Angaben über die Art des Schlüssels und dessen Gültigkeitsdauer enthalten.

An Stelle eines bloßgestellten Schlüssels tritt sofort der zugehörige Ersatz- bzw. Notschlüssel in Kraft. Er ist ohne weiteren Befehl unverzüglich von allen Stellen des betreffenden Schlüsselbereichs in Gebrauch zu nehmen. Ist die Verwendung des zugehörigen Ersatz- bzw. Notschlüssels nicht möglich oder nicht vorgesehen, so ist auf einen anderen verfügbaren Schlüssel zurückzugreifen. Bei der Kriegsmarine ist bei Verlust von Schlüsselunterlagen zum Schlüssel M nach den Bestimmungen der Vorschrift „Der Schlüssel M – Allgemeine Bestimmungen – M.Dv.Nr. 32/3" zu verfahren.

II. Arten der Schlüsselverfahren

17. Für die **Wahl des Schlüsselverfahrens und des Schlüssels** sind in erster Linie der VS-Vermerk und der Inhalt der Nachricht, sowie die Ausstattung der beteiligten Dienststellen mit Schlüsselmitteln und Schlüsseln maßgebend, erst in zweiter Linie der Übermittlungsweg (Drahtverbindung, Funkverbindung, Posttelegramm, Brief usw.). Bei Drahtverbindungen, die über das Ausland führen, ist ein besonders strenger Maßstab anzulegen.

18. Im Nachrichtenverkehr werden folgende **Arten von Schlüsselverfahren** verwendet:

    a) **Maschinenverfahren:**
    Der Schlüsseltext wird mit der Schlüsselmaschine gebildet (vgl. H.Dv.g. 14, M.Dv.Nr. 168, M.Dv.Nr. 32/1-3, L.Dv.g. 14).

    b) **Handverfahren:**
    Der Schlüsseltext wird handschriftlich, zum Teil unter Verwendung besonderer Schlüsselmittel, gebildet.
    Die Handhabung der einzelnen Verfahren wird durch die entsprechenden Schlüsselanleitungen geregelt.

    c) **Schlüsselfernschreibverfahren:**
    Die einzelnen Zeichen werden beim Schreiben selbstständig verschlüsselt bzw. entschlüsselt.
    Für die im Fernschreibverkehr verwendeten Schlüsselverfahren bestehen Sondervorschriften (vgl. H.Dv.g. 422, M.Dv.Nr. 924a, L.Dv.g. 704/3b).

III. Für alle Schlüsselverfahren gültige Bestimmungen

19. Die nachstehenden **allgemeinen Vorschriften für das Schlüsseln** gelten für alle Schlüsselverfahren gleichmäßig, sofern nicht in einzelnen Schlüsselanleitungen Abweichungen ausdrücklich befohlen sind. Für die Schlüsselverfahren der Kriegsmarine sind im einzelnen die für die Kriegsmarine erlassenen Vorschriften maßgebend.

20. Zu verschlüsselnde Nachrichten sind kurz und klar abzufassen. Jede Möglichkeit von Mißverständnissen muß ausgeschaltet sein. Regelmäßigkeiten im Aufbau, gleichlautende Redewendungen und Wiederholungen im Text sind zu vermeiden.

21. Sprüche sind stets im ganzen Wortlaut zu verschlüsseln. Eigenmächtiges Abändern des Wortlauts oder der Zahlenangaben eines Spruches durch die Schlüßler, sowie Vermischung von Klar- und Schlüsseltext sind verboten.

22. Ein Spruch muß unter Verantwortung **des Funkstellenführers bzw. Funkstellenleiters neu gefaßt werden,**

   a) wenn der gleiche Spruch nach verschiedenen Schlüsseln verschlüsselt wird,
   b) wenn der beförderte Spruch nach dem gleichen Schlüssel neu verschlüsselt werden muß, weil er fehlerhaft verschlüsselt war,
   c) wenn bei einem Vermittlungsspruch der Empfänger nicht im Besitz des ursprünglichen Schlüssels ist.

   Die Neufassung hat unter Verantwortung des Funkstellenführers bzw. Funkstellenleiters zu erfolgen, sie darf den **Sinn des Spruches nicht entstellen** und wird zweckmäßig durch **Umstellung** im Text erreicht. Nach Möglichkeit ist der Aufgeber der Nachricht zu beteiligen. Der neugefaßte Spruch muß wie ein völlig neuer Spruch verschlüsselt werden.

23. Für die zulässige **Mindest- und Höchstlänge** eines Spruches, sowie für dessen Kennzeichnung sind die Anleitungen zu den einzelnen Schlüsselverfahren maßgebend.

   Wird bei einem Spruch, der nach einem Schlüsselverfahren mit vorgeschriebener Mindestlänge verschlüsselt werden soll, diese Mindestlänge nicht erreicht, so muß er, ohne daß der Wortlaut des Klartextes davon berührt wird, durch Hinzufügen beliebiger Wahlwörter aufgefüllt werden (vgl. Ziffer 25). Dies kann dadurch geschehen, daß **Wahlwörter** vorangestellt oder angefügt werden. Es ist verboten, den Spruch durch Ausschreiben von Satzzeichen und Abkürzungen oder durch gleichbleibende Zusätze wie: Schluß, Ende usw. zu verlängern.

Ebenso ist verboten, den Wortlaut des Spruches ganz oder teilweise zu wiederholen. Nachrichten, die die vorgeschriebene Höchstlänge überschreiten, sind zu unterteilen. Die einzelnen Teile müssen verschieden lang sein und sind wie selbstständige Sprüche zu verschlüsseln.

24. Stimmen Absender oder Empfänger nicht mit den Kommandostellen, zu denen die Nachrichtenstellen gehören, überein, so sind beide Angaben mit zu verschlüsseln. Der Empfänger oder Absender darf nicht am Anfang oder Ende des Spruches stehen. Diese Angaben sind vielmehr, ohne daß Mißverständnisse möglich sind, an wechselnden Stellen in den Text des zu verschlüsselnden Spruches einzustreuen. Desgleichen darf der Name der aufgebenden Person (Unterschrift), wenn er voll ausgeschrieben und daher als zum Inhalt gehörig mit zu verschlüsseln ist, nicht immer an der gleichen Stelle stehen.

25. Ergeben sich hierbei Schwierigkeiten und müssen Empfänger und Absender vor oder hinter dem Spruchtext stehen bleiben, so ist mit einem oder mehreren **Wahlwörtern** zu beginnen bzw. zu schließen.
    Wahlwörter sind ständig zu wechseln. Ihre Länge und Anfangsbuchstaben müssen stets verschieden sein. Sie dürfen **keine Beziehungen zu militärischen Begriffen** (Decknamen, Tarnbezeichnungen, Worte der Buchstabiertafel usw.) und zum Inhalt der Nachrichten zulassen. In den zur Vorlage beim taktischen Führer bestimmten Klartext sind die Wahlwörter nicht aufzunehmen.
    Zur Kennzeichnung und Abgrenzung der Wahlwörter vom Spruchtext sind die beiden an den Spruchinhalt angrenzenden Buchstaben des Wahlwortes zu verdoppeln.

    Beispiel:
    a) Aufgegebener Spruch:
    An leichte Kolonne 330
    Befehl 1630 Uhr marschbereit
    Böhm

    b) Spruch unter Verwendung von Wahlwörtern zum Verschlüsseln umgestellt:
    honigglaass an leiqte kolonne drei drei
    null befehl eins seqs x dreisig uhr
    marsqbereit boehm hhoolzsteg

    c) oder:
    sqlittenfahrrtt boehm an leiqte kolonne
    drei drei null befehl eins seqs x dreisig uhr marsqbereit

    d) oder:
    eins seqs x dreisig uhr marsqbereit an leiqte kolonne
    drei drei null von boehm ssttammhaus bergfried

26. Kürzungen des Klartextes bedürfen der ausdrücklichen Genehmigung durch den Verfasser der Nachricht oder durch dessen Kommandobehörde. Hierunter fällt nicht die Anwendung gebräuchlicher unmißverständlicher Abkürzungen für einzelne Worte des Klartextes. Besondere, festgelegte Signale, z.b. aus der Heeressignaltafel, können nur verwendet werden, wenn Mißverständnisse hierdurch nicht möglich sind. Sie müssen mitverschlüsselt werden.

27. **Die Richtigkeit der Verschlüsselung** usw. ist, wenn es die Zeit erlaubt, durch sofortiges Entschlüsseln zu **prüfen.** Verzögerungen im Betrieb dürfen dadurch nicht entstehen.

28. Der Klartext entschlüsselter Sprüche ist, ohne Rücksicht auf Übermittlungsfehler, so niederzuschreiben, wie er sich aus dem Schlüsseltext ergibt.

    Unklarheiten sind durch Unterstreichungen (möglichst mit Farbstift) kenntlich zu machen, wobei der vermutliche Text mit dem Vermerk „kann heißen . . . ." an das Ende des Spruches zu setzen ist.

    Eigenmächtiges „Richtigstellen" (Raten) ist verboten. Aufgenommener, fehlerhafter Klartext und vermutlich richtiger Klartext müssen einwandfrei unterschieden werden können.

29. **Klartexte (Reinschriften) und Schlüsseltexte** sind in getrennten Mappen abzuheften und **dürfen** außerhalb der Schlüsselstelle **nicht zusammen befördert werden.** Die Klartexte sind ihrem Geheimhaltungsgrad entsprechend nach H.Dv. 99, M.Dv.Nr. 9, L.Dv. 99 Ziffer 6 und folgende, **mindestens** jedoch als **„Geheim",** zu bezeichnen und zu behandeln.

30. **Satzzeichen. Grundsatz** muß sein, Satzzeichen so wenig wie möglich zu verwenden. Sie werden im allgemeinen durch „x" ersetzt. Ist für die Klarheit des Spruches ihre Unterscheidung erforderlich, sind:
        Punkt durch **„stop"**
        Komma durch **„koma"**
        Fragezeichen durch **„fraq"**
        Klammer durch **„klam"**

    auszudrücken, während alle übrigen Satzzeichen auszuschreiben sind. Am Ende eines Spruches ist der Punkt **stets**, das Fragezeichen dann wegzulassen, wenn die Frage aus der Wortstellung klar hervorgeht. Nach Abkürzungen ist der Buchstabe „x" nur dann zu setzen, wenn anderenfalls die Bedeutung entstellt würde.

31. **Umlaute** sind als Einzelselbstlaute zu schreiben (z.B. ä = ae, ö = oe, ü = ue).

Die Buchstabenverbindungen „ch" und „ck" sind durch „q" zu ersetzen, außer bei Orts- und Eigennamen, wo sie in die Einzelbuchstaben c und h bzw. c und k aufzulösen sind. Der Buchstabe „ß" ist immer in die Einzelbuchstaben „s" und „z" aufzulösen.

32. **Zahlen** sind durch ihre einzelnen Ziffern in Worten auszudrücken (z.B. **148 = eins vier aqt**). Die Ziffer „2" ist als „zwo" zu verschlüsseln.

Nur folgende Zahlen sind durch **ein** Wort auszudrücken:

10 = zehn   **60 = seqzig**
11 = elf   **70 = siebzig**
20 = zwanzig   **80 = aqtzig**
30 = dreiszig   **90 = neunzig**
40 = vierzig   **100 = hundert**
50 = fuenfzig   **1000 = tausend.**

Verbindungen mit den oben angeführten Zahlen sind unzulässig. Es ist zu verschlüsseln: **12 = eins zwo, 211 = zwo eins eins, 350 = drei fuenf null, 0430 = null vier drei null.**

Verboten ist, das Wort null mehrfach hintereinander zu verschlüsseln. Für mehrere Nullen sind folgende Kurzbezeichnungen zu verwenden:

00 = zenta, 000 = mille, 0000 = miria,
(z.B. **200 = zwo zenta, 3000 = drei mille, 40 000 = vier miria, 500 000 = fuenf zenta mille** oder **fuenf miria null** oder **fuenf null miria** oder **fuenf mille zenta, 00780 = zenta sieben aqt null, 500 043 = fuenf mille vier drei**).

Römische Zahlen erhalten den Vorsatz **„roem".**

Umschreibungen sind möglich, z.B. III. Pz. Gren. Regt. 10 **= drittes btl pnz grn rgt zehn.**

33. **Uhrzeiten** werden, unabhängig davon, wie sie im Klartext niedergeschrieben sind, einheitlich verschlüsselt. Verschlüsselung von mehreren hintereinanderstehenden Nullen ist auch hier verboten. Zwischen Stunden und Minuten wird „x" gesetzt.

Beispiele: 0000 Uhr als **null uhr**
0100 Uhr als **eins uhr**
1000 Uhr als **zehn uhr**
0011 Uhr als **null x elf uhr**
0906 Uhr als **neun x null seqs uhr**
1010 Uhr als **zehn x zehn uhr**
1326 Uhr als **eins drei x zwo seqs uhr**

Das Wort „Uhr" hat zur Vermeidung von Irrtümern grundsätzlich hinter jeder Uhrzeit zu stehen.

34. Wortabkürzungen, welche vom Verfasser der Nachricht angewendet wurden, dürfen nur dann unverändert verschlüsselt werden, wenn Irrtümer und Mißverständnisse hierdurch nicht entstehen können. Sie sind in jedem Fall durch wenigstens drei Buchstaben auszudrücken (z.b. **OKH = obkdoheer, OKM = obkdomar, AOK = armobkdo, A.R. = artrgt, A.A. = aufklabt, Aufkl. Staffel = aufklstf**). Die Abkürzungen sind nur dann zwischen „x" zu setzen, wenn es für die Verständlichkeit des Spruches unbedingt erforderlich ist.

Ausnahme: Das Wort „Kilometer" wird nur durch zwei Buchstaben „km" ausgedrückt.

Abkürzungen, die aus einzelnen Buchstaben bestehen, sind, wenn ihre Bedeutung dem Schlüßler zweifelsfrei klar ist, nicht durch Wörter der Buchstabiertafel, sondern durch teilweises oder vollständiges Ausschreiben der Bedeutung auszudrücken.

Beispiel: **K. G. = Kampfgeschwader = kpfgsqw** oder **kampfgsqw**.

35. Das **Verschlüsseln** einzelner **Buchstaben** hat mit Hilfe der vorgeschriebenen Kurzwörter der Buchstabiertafel zu erfolgen, die willkürliche Verwendung anderer Wörter ist verboten.

36. Geländebezeichnungen und Ortsnamen sind stets in ihrer vollen Bedeutung, die beim Verfasser der Nachricht zu erfragen ist, auszuschreiben (z.B. **Uten-Bg. = utenberg, Hampel-Bde = hampelbaude, Lotzb. = lotzbach, Ch. Hs. = chausseehaus, Kl. Machnow = kleinmachnow**). Beim Bezeichnen einer Linie durch mehrere Orte usw. sind die Trennungsstriche mit zu verschlüsseln (z.B. **liniegolzernstriqbroehsen**).

Sofern es notwendig ist, Eigennamen, Orts- und Geländebezeichnungen (auch Kartenangaben nach besonderen Meldeverfahren) gegen den Spruchtext abzugrenzen, werden diese in „**aa**" und „**ee**" eingeschlossen. Zweimalige Verschlüsselung von schwierigen Orts- und Eigennamen ist zugelassen, sofern die Anleitungen zu den einzelnen Schlüsselverfahren nichts anderes vorsehen.

IV. Kennzeichnung der Schlüssel
(Bei der Kriegsmarine gelten besondere Bestimmungen)

37. Sofern eine Kennzeichnung des angewendeten Schlüssels zur Vermeidung von Unklarheiten erforderlich ist, geschieht dies durch dreistellige Kenngruppen, die den Schlüsselunterlagen zu entnehmen sind. **Kenngruppen sind grundsätzlich so selten wie möglich anzuwenden.** Je Schlüsselart und Tag stehen mehrere Kenngruppen zu je drei Buchstaben zur Verfügung, sie sind abwechselnd zu verwenden. Die Kenngruppe wird **unverändert in** den Spruchkopf hinter der Buchstabenzahl eingesetzt und nicht verschlüsselt.

Bei mehrteiligen Sprüchen ist bei allen Teilen die gleiche Kenngruppe zu verwenden.

38. Der Spruchkopf enthält:

a) die Uhrzeit (vierstellig).
b) Buchstabenzahl des Spruches.
c) Kenngruppe (gemäß Ziffer 37).

Beispiel:
   1512 – 54 – iwe.

Weitere, bei einzelnen Verfahren erforderliche Angaben, z.B. Grundstellung und verschlüsselte Spruchstellung, sind hinter der Kenngruppe, wenn diese fehlt, hinter der Buchstabenzahl einzusetzen.

Beispiel:

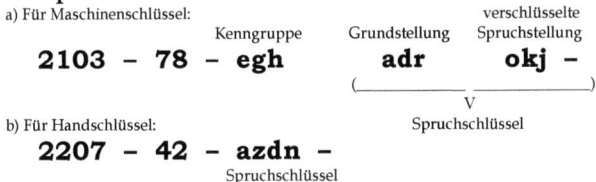

a) Für Maschinenschlüssel:
   2103 – 78 – egh   adr   okj –
   (Kenngruppe) (Grundstellung) (verschlüsselte Spruchstellung)
   V
   Spruchschlüssel

b) Für Handschlüssel:
   2207 – 42 – azdn –
   Spruchschlüssel

39. Der Spruchkopf ist stets doppelt zu tasten.

Beispiel:
2103 2103 – 78 78 – egh egh adr adr okj okj –

V. Gültigkeit und Verwendung der Schlüssel
(Bei der Kriegsmarine gelten besondere Bestimmungen)

40. In der Regel werden allen Gebrauchsschlüsseln gleichartige Ersatzschlüssel zugeordnet.

41. Für den Fall des gleichzeitigen Verlustes oder der gleichzeitigen Bloßstellung von Gebrauchs- und Ersatzschlüsseln oder für die Zeit zwischen Bloßstellung des Gebrauchsschlüssels und Zuführung des Ersatzschlüssels wird meist auch ein **Notschlüssel** ausgegeben.

42. Gebrauchs- und Ersatzschlüssel sind zu den für die einzelnen Schlüssel befohlenen Zeiten zu wechseln. Notschlüssel in besonders zu bestimmenden längeren Zeitabschnitten.

    Maßgebend für die **Wahl des Schlüssels** ist die im Spruchkopf angegebene **taktische Zeit** (also weder die Annahmezeit, deren Aufnahme in den Spruchkopf beim Heer zulässig ist, noch der Zeitpunkt des Schlüsselns).

43. Schlüssel dürfen nur in den Bereichen eingesetzt werden, für die sie vorgesehen sind.

C. Ergänzende Bestimmungen
I. Herstellung und Ausgabe der Schlüssel

44. **Die Herstellung und Ausgabe** der Funk- und Fernschreibschlüssel für den geheimen Nachrichtenverkehr zwischen den drei Wehrmachtteilen und dieser mit den Behörden der zivilen Verwaltung werden **durch die Oberbefehlshaber der Wehrmachtteile** nach Weisung des Oberkommandos der Wehrmacht vorgenommen.

    Eigenmächtiges Herstellen und Ausgeben von Schlüsseln und Schlüsselvorschriften für diesen Verkehr durch andere Dienststellen ist **verboten**.

45. Für den Verkehr innerhalb der Wehrmachtteile werden die Schlüsselmittel durch die einzelnen Wehrmachtteile aufgestellt.

46. Die Einhaltung der für das Herstellen, Verpacken, Versenden und Aufbewahren von Schlüsseln und Schlüsselanleitungen gegebenen Anordnungen ist durch Offiziere oder Beamte im Offizierrang zu überwachen.

47. Die **Herstellung** darf nur mit wehrmachteigenem Gerät oder in besonders überwachten Druckereien erfolgen. Die fertigen Abdrucke sind fortlaufend zu numerieren, Fehl- und Probedrucke zu verbrennen. Nach beendeter Vervielfältigung ist der Satz zu zerstören oder das Negativ von der Umdruckplatte zu beseitigen. Bei der Vervielfältigung mit einem Abzugsverfahren ist das Gerät nach beendetem Druck so lange unter Verschluß zu halten, bis keinerlei Möglichkeit des Ablesens oder Vervielfältigens mehr besteht. (Siehe auch H.Dv. 99, M.Dv.Nr. 9, L.Dv. 99 Anhang III.)

48. **Abschreiben oder Vervielfältigen** von Schlüsseln ist nur den Dienststellen gestattet, die hierzu die ausdrückliche Genehmigung von den Oberbefehlshabern der Wehrmachtteile erhalten haben.

    Ausgenommen ist das für den laufenden Dienstbetrieb erforderliche Aufschreiben der Tagesschlüssel.

49. Zum **Verpacken** sind die Schlüssel einzeln in undurchsichtige Umschläge einzulegen. Die Umschläge müssen die gleichen Nummern

wie die darin befindlichen Schlüssel tragen und mit einem Aufdruck versehen sein, der dem des inliegenden Schlüssels entspricht.

Die Umschläge sind sorgfältig zu verkleben und auf der Faltseite mit einer Verschlußmarke und dem Aufdruck des Dienststempels zu versehen. Der Dienststempelaufdruck muß gleichzeitig die Verschlußmarke und den Umschlag erfassen.

50. Zum **Versenden** sind die Schlüssel in zweite, undurchsichtige Umschläge – soweit erforderlich mit Anschreiben – zu verpacken, die gleichfalls sorgfältig zu verschließen und mit Dienststempel zu versehen sind. Verpacken mehrerer Schlüssel in einen gemeinsamen zweiten Umschlag ist statthaft. Ausnahme siehe Ziffer 54. Im übrigen gelten für das Versenden die Bestimmungen der Verschlußsachenvorschrift (H.Dv. 99, M.Dv.Nr. 9, L.Dv. 99 Abschnitt D III und Verschlußsachen-Merkblatt für mobile Truppen).

Ein genauer Verteilungsplan muß den Verbleib jedes einzelnen Schlüssels nachweisen.

51. **Stabs- und Führungsschlüssel**, Zusammenstellungen von verschiedenen Schlüsseln und sonstige Schlüssel, die sich nur in Händen von Offizieren befinden dürfen, sowie alle Schlüsselmittel für deutsche Wehrmachtdienststellen im befreundeten oder neutralen Ausland, **sind nur durch Wehrmachtkuriere** (Offiziere oder Beamte im Offizierrang mit besonders ausgestelltem Kurierausweis) **zu befördern**. Kuriere, die auf ihren Fahrten neutrales Gebiet berühren, dürfen Schlüssel, Schlüsselanleitungen, Schlüsselmittel und sonstige Schlüsselunterlagen nur dann mitführen, wenn sie auf der Fahrt durch neutrales Gebiet den vollen Schutz diplomatischer Kuriere (Kurierausweis des Auswärtigen Amtes, versiegeltes Kuriergepäck usw.) genießen.

Für alle übrigen Schlüssel ist in gleicher Weise die **Beförderung durch Kuriere** (Offiziere oder Beamte im Offizierrang) **anzustreben**. Sofern aus Mangel an Offizieren bzw. Beamten eine zeitgerechte Beförderung von Schlüsseln nicht möglich ist, dürfen einzelne Schlüssel auch durch Unteroffiziere (möglichst Portepee-Unteroffiziere) befördert werden (**Befehlsempfänger**), siehe auch H.Dv. 99, M.Dv.Nr. 9, L.Dv. 99, Ziffer 92 und 94. Dies gilt vor allem dann, wenn diese Schlüssel für Dienststellen bestimmt sind, die von Unteroffizieren bzw. Mannschaften geführt werden. Dabei ist folgendes zu beachten:

a) Es sind stets zwei Soldaten einzuteilen, von denen mindestens einer Unteroffizier sein muß und als Führer zu bestimmen ist.
b) Die Befehlsempfänger sind sorgfältig auszuwählen und durch den Vorgesetzten, mindestens in der Stellung eines Bataillonskommandeurs, schriftlich zu bestimmen.
c) Über ihre Pflichten sind sie von Fall zu Fall eingehend zu belehren. Ihre Tätigkeit ist besonders zu überwachen. Sind Befehlsempfänger auf Bahnbenutzung angewiesen, so gelten hierbei die mit Verfügung

OKW/WZ (I) Nr. 2260/42 und Chef Transportwesen/Pl. Abt. Nr. 3593/42 (IV, 3) vom 4. 7. 1942 betr. Kurierreisen der Wehrmacht auf der Eisenbahn festgelegten Bestimmungen (vgl. Anlage 3).

52. **Die Beförderung von Schlüsselmitteln in Flugzeugen ist im allgemeinen verboten.** In bandengefährdeten Gegenden bzw. in Gegenden, wo die Beförderung der Kuriere durch Eisenbahn, Kraftfahrzeuge usw. auf besondere Schwierigkeiten stößt, darf die Beförderung von Schlüsselmitteln durch Kurierflugzeuge erfolgen. Diese Art der Beförderung ist in den einzelnen Bereichen (z.B. Heeresgruppen, Lft. Kdos. usw.) durch den Vorgesetzten mit mindestens den Befugnissen eines Divisionskommandeurs besonders zu befehlen. Sonderschlüssel und Signaltafeln, die für den Verkehr der Flugzeuge bestimmt sind oder den ausdrücklichen Vermerk **„Mitnahme in Flugzeugen gestattet"** tragen, können ohne weiteres in Flugzeugen mitgenommen werden.

53. Die Beförderung von Schlüsseln durch die **Reichspost bzw. Feldpost** während des Krieges ist verboten.

54. **Ersatz- und Notschlüssel dürfen nicht mit den zugehörigen Gebrauchsschlüsseln zusammen zum Versand gelangen.** Der Versand der Ersatz- und Notschlüssel ist so vorzunehmen, daß ein gleichzeitiger Verlust mit den Gebrauchsschlüsseln unmöglich ist. Die Schlüsselpakete sind ihrem Inhalte nach eindeutig zu kennzeichnen, damit Gebrauchs- und Ersatzschlüssel nicht von dem gleichen Kurier befördert werden.

55. **Übermitteln von Schlüsseln und Schlüsselregeln auf fernmündlichem oder fernschriftlichem Wege** (Draht oder Funk) **ist in jedem Falle verboten, desgleichen jede Handlung oder Unterlassung, die zur Bloßstellung der Schlüssel führen kann.** Verschlüsselte Anfragen oder Mitteilungen über Bedeutung von Rufzeichen und Decknamen sowie Rückfragen, die sich auf Einzelheiten der Schlüssel und ihre Kennzeichnung beziehen, dürfen in äußersten Notfällen auf schriftlichen Befehl eines Offiziers befördert werden.

56. **Der Empfang von Schlüsseln** ist schriftlich zu bestätigen (vgl. H.Dv. 99, M.Dv.Nr. 9, L.Dv. 99 Ziffer 96 und folgende). Die ausgebende Stelle hat die Empfangsscheine zu prüfen. Bei Ausbleiben der Empfangsbestätigung ist das Inkrafttreten der betreffenden Schlüssel hinauszuschieben und zugleich die Anwendung des Notschlüssels oder eines anderen Schlüssels zu befehlen.

II. Aufbewahrung der Schlüssel und Schlüsselmittel

57. Für das **Aufbewahren** der Schlüsselanleitungen, Schlüsselmittel und Schlüssel sind die Bestimmungen im Abschnitt B II der Verschlußsachenvorschrift (H.Dv. 99, M.Dv.Nr. 9, L.Dv. 99) maßgebend. **Ersatz- und Notschlüssel sind getrennt von den Gebrauchsschlüsseln so aufzubewahren, daß ein gleichzeitiger Verlust nicht eintreten kann.**

Sie sind daher bei eingesetzten Truppenteilen mindestens bei der nächsthöheren Dienststelle oder so weit rückwärts zu lagern, daß ein Verlust ausgeschlossen ist.

58. **Weitergeben der Schlüssel** an andere als die von der ausgebenden Stelle vorgesehenen Empfänger ist nur mit Genehmigung der ausgebenden Stelle zulässig.

59. **Das Schlüsselpersonal darf nur die Tagesschlüssel** des laufenden Tages und **für höchstens 2 Tage im voraus in Händen haben.** Abweichungen sind im Einzelfalle von den Nachrichtenführern besonders zu befehlen. Bei Dienstübergabe sind die Schlüssel ordnungsgemäß zu übergeben.

60. **Bei abgesetzten oder schwimmenden Einheiten,** Vorausabteilungen usw. ist ein **Offizier** für die Mitführung, Aufbewahrung und Vernichtung der Ersatz- und Notschlüssel besonders **einzuteilen und verantwortlich zu machen.**

61. Alle Kommandostellen vorwärts eines Generalkommandos bzw. gleichgestellter Kommandostellen dürfen von den in Kraft befindlichen Schlüsseln nicht mehr behalten, als unbedingt notwendig ist. Überzählige Schlüssel sind zu vernichten.

62. **Abgelaufene und auf Befehl außer Kraft gesetzte Schlüsselunterlagen** sind zu den einzelnen befohlenen Terminen unter Beachtung der Verschlußsachenvorschrift (H.Dv. 99, M.Dv.Nr. 9, L.Dv. 99 Abschnitt B VIII) zu vernichten. Soweit nichts anderes vorgeschrieben ist, sind abgelaufene Tagesschlüssel spätestens nach 2 Tagen zu verbrennen. Wenn rechtzeitiges Eintreffen der Gebrauchsschlüssel für den folgenden Monat nicht sichergestellt ist, kann die Aufbewahrung der Schlüssel des laufenden Monats ausnahmsweise befohlen werden.

63. **Der Notschlüssel** darf, soweit seine Ausgabe an Schlüßler erfolgt ist, nur im Gedächtnis behalten oder unverfänglich aufgeschrieben werden.

III. Übungsschlüssel

64. Für Lehr- und Übungszwecke dürfen die für den planmäßigen Nachrichtenverkehr bestimmten Schlüssel nicht benutzt werden.

65. Für Übungssprüche sind nur durch den zuständigen Nachrichtenführer besonders bezeichnete und freigegebene Schlüssel oder besonders aufgestellte Übungsschlüssel zu verwenden. Zur weiteren Ausschaltung von Verwechselungen ist außerdem im Spruchtext an stets wechselnder Stelle eine entsprechende, häufig wechselnde Kennzeichnung einzusetzen.

66. Für **größere Übungen** benötigte Sonderschlüssel sind nach Weisung der einzelnen Wehrmachtteile aufzustellen und auszugeben.

67. Für den **Übungsverkehr zur Ausbildung** innerhalb der Funkkompanien und der Truppennachrichtenverbände müssen Sonderschlüssel durch die Kompaniechefs oder Zugführer hergestellt und ausgegeben werden. Hierbei sind die in den Ziffern 46 bis 50 gegebenen Richtlinien zu beachten.
68. Für das **Aufstellen der Schlüssel** ist vom Übungsleiter ein Offizier verantwortlich zu machen.
69. Jeder planmäßige Aufbau, jede Wiederkehr gleicher Schlüssel oder Schlüsselteile ist zu vermeiden.

Alle Entwürfe und Entwurfteile sind nach Erledigung zu verbrennen. Frisch mit Tinte geschriebene Schlüsselarbeiten hinterlassen auf Löschpapier lesbare Abdrucke, mit starkem Druck auf dünnes Papier geschriebene Zeichen werden leicht auf dem Unterlagspapier durchgedrückt und dort wieder lesbar. Gegebenenfalls sind auch solche Papiere zu verbrennen.

IV. Öffentliche Bekanntgabe von Schlüsselsprüchen

70. Verschlüsselte Sprüche, die der Öffentlichkeit oder der Truppe in Tagesbefehlen bekanntgegeben werden sollen, müssen nach dem Entschlüsseln vor der Weitergabe oder Veröffentlichung unter Verantwortung des Führers der empfangenden Dienststelle, mindestens jedoch im Range eines Divisionskommandeurs, unter Beteiligung des zuständigen Nachrichtenführers im Wortlaut soweit verändert werden, daß der bekanntzugebende Text ohne Beeinträchtigung des Sinnes nicht mehr mit dem Wortlaut des verschlüsselten Spruches übereinstimmt.

V. Behandlung erbeuteter feindlicher Schlüsselunterlagen

71. **Die rechtzeitige Ausnutzung der Schlüsselunterlagen des Gegners** ist für den Erfolg der eigenen Operationen von größter Bedeutung. Erbeutete Geheimschriftmittel, Schlüssel, Satzbücher, Klar- und Schlüsseltexte des Gegners sind umgehend der vorgesetzten Kommandostelle (Io) **unversehrt und unverändert** zur unmittelbaren Auswertung zu der der Nachrichtenführer hinzuzuziehen ist, zuzuleiten.

Danach sind alle Unterlagen dem Nachrichtenführer zu übergeben. Er ist für schnellste Weitergabe an die vorgesetzte, auswertende Nachrichtenstelle verantwortlich.

Bei allen Meldungen ist Zeit, Ort und möglichst die Bezeichnung des feindlichen Truppenteils, bei dem die Unterlagen erbeutet wurden, anzugeben.

72. **Schlüssel- und Funkbetriebsunterlagen von Agenten** sind an die zuständigen Stellen der Abwehr und der Sicherheitspolizei unverzüglich abzugeben. Diese sorgen für beschleunigte Weiterleitung an OKW/WNV/Fu über die örtlichen Dienststellen der Funkabwehr.

Anhang

<u>Anlage 1 zur H.Dv.g. 7.</u>

Anweisung für das Abfassen von zu verschlüsselnden Nachrichten

Für den taktischen Führer bestimmt.

1. **Schlüsseln braucht Zeit!** Nachrichten, die verschlüsselt werden sollen, so kurz wie möglich abfassen! Je länger die Sprüche sind, um so mehr Anhaltspunkte ergeben sich für die feindliche Nachrichtenaufklärung.

2. **Zahlen im Text** müssen beim Schlüsseln in einzelne Ziffern zerlegt und durch Buchstaben ersetzt werden (z.B. **147 = eins vier sieben**). Auch **Einzelbuchstaben** sowie **Satzzeichen** müssen vom Schlüßler durch besondere Worte ausgedrückt werden. Hierdurch werden die Sprüche erheblich verlängert.

   Zu vermeiden sind daher:

   a) Bezugsnummern und nicht unbedingt notwendige Zahlenangaben.

   b) Referatsbezeichnungen und Briefbuchnummern. Die taktische Zeit wird im allgemeinen zur Kenntlichmachung eines Spruches ausreichen. Ist eine eingehendere Kennzeichnung notwendig, dann sind gekürzte Referatsbezeichnungen und Briefbuchnummern wie folgt zu verwenden:

   statt: „**Ia op Nr. 1267/43 gKdos. v. 10.4.43**"
   kurz: „**Ia 1267 gKdos**"

   c) Entbehrliche Satzzeichen. Hierbei ist jedoch der Wortlaut auf Unmißverständlichkeit sorgfältig zu prüfen, ehe auf Satzzeichen verzichtet wird.

3. Täglich zu gleichen Zeiten, in gleicher Form und mit demselben Aufbau oder unter Verwendung derselben Wörter abgehende Sprüche z.B. Tagesmeldungen, Quartiermeistermeldungen gefährden die Schlüsselsicherheit in besonderem Maße. Sie sind daher in stets wechselnder Form abzufassen.

   Beispiel:

   1. Meldung: „**Verlauf der Nacht ruhig. Ausfälle 2 Tote 7 Verwundete**"

   2. Meldung: „**Verluste 4 verwundet 1 gefallen Nachts geringe Feindtätigkeit**"

4. **Empfangende und absendende Dienststelle** ergeben sich aus der Nachrichtenverbindung. Sie brauchen daher nicht mit verschlüsselt zu werden, soweit sie nicht als besondere Referatsbezeichnungen oder Unterschriften mit zu übermitteln sind. Kann auf solche eingehendere Angaben über Empfänger und Absender sowie die volle Unterschrift (diese werden dann stets mitverschlüsselt) nicht verzichtet werden, dann müssen sie durch das Nachrichtenpersonal an ständig wechselnden Stellen in den Text eingefügt werden. Beim Kriegsfunkverfahren der Kriegsmarine sind An- und Unterschriften stets mit zu verschlüsseln.

5. Es ist zweckmäßig, mit Rücksicht auf die Bestimmungen Nr. 1 bis 4 bei Abfassen von Sprüchen einen im **Schlüsseldienst erfahrenen Offizier** zu beteiligen.

6. **Vor Durchgabe** längerer wichtiger taktischer und operativer Befehle und Meldungen **auf dem Funkwege** ist zu prüfen, ob die Durchgabe auf dem Drahtwege (mit Schlüsselfernschreibmaschine, Schlüsselzusatz oder gegebenenfalls mit Maschinenschlüssel verschlüsselt) ohne nachteilige Verzögerung tragbar ist. Gegebenenfalls sind auf dem Funkwege nur **Auszüge** zu übermitteln. Es ist Aufgabe der Nachrichtenoffiziere (LdN), ihre Kommandostellen bzw. Dienststellen entsprechend zu beraten.

7. **Fernschreiben**, welche wegen Leitungsstörungen oder aus anderen Gründen ganz oder teilweise **auf dem Funkwege** befördert werden sollen, müssen verschlüsselt werden. Um schlüsselgerechte Form zu erhalten, wird der zuständige Leiter des Nachrichtenbetriebes (LdN) meist durch Rückfrage bei der aufgebenden Dienststelle eine **Kürzung oder entsprechende Neufassung** des Wortlauts beantragen. Es gehört zu seinen Aufgaben, das gedankenlose Weitergeben von Fernschreiben auf dem Funkwege zu verhindern.

8. Der **Verschlußsachenvermerk** (geheim, gKdos) gibt dem Nachrichtenpersonal die Richtlinie, nach welchem Schlüssel die Nachricht verschlüsselt werden muß. Die häufige unüberlegte Anwendung der höchsten Geheimhaltungsgrade stumpft ab. Noch mehr als bei Fernschreiben ist bei Funksprüchen zu prüfen, welcher geringste Geheimhaltungsgrad noch genügt.

9. Es empfiehlt sich für die **Kommandobehörden und Dienststellen, die nur auf Funkverbindung angewiesen sind**, eine Stelle im Stab zu bestimmen, die in Zusammenarbeit mit dem Leiter des Nachrichtenbetriebes (LdN) die **Dringlichkeit** der einzelnen Sprüche bestimmt und die Durchgabe regelt. Dadurch wird gleichzeitig verhindert, daß mehrere Abteilungen einer Kommandobehörde oder einer Dienststelle inhaltsgleiche oder ähnliche Mitteilungen absenden, z.B. in den Tagesmeldungen Ia, Ic und des Fliegerverbindungsoffiziers.

Anlage 2 zur H.Dv.g. 7.

Muster einer Verpflichtungsverhandlung
für Nachrichtenpersonal

Dienststelle   Orts- und Tagesangaben
Br. B. Nr. ....

Verhandlung

über die Belehrung und Verpflichtung des ....
(Dienstgrad,

....
Beamten- oder Angestelltenstellung, Vorname, Name, Geburtsdatum)

nach Ziffer 32 der Verschlußsachen-Vorschrift.

Der (die) vor dem ....
(Dienstgrad und Name des Verhandlungsführers)

Erschienene erklärte:

Ich bin heute darüber belehrt worden, daß ich über alle Angelegenheiten des Fernmeldedienstes, einschließlich des Nachrichtenaufklärungsdienstes, strengstes Stillschweigen zu bewahren habe, soweit derartige Angelegenheiten nicht durch im öffentlichen Handel erhältliche Vorschriften, offene amtliche Verlautbarungen oder mit amtlicher Genehmigung in der Öffentlichkeit erschienene Schriften öffentlich bekannt sind.

Mir ist verboten, irgendwelche Aufzeichnungen auf dem Gebiete des Fernmeldedienstes in meinem persönlichen Gewahrsam zu haben, oder nach meiner Dienstentlassung mitzunehmen, sofern sie mir nicht im Einzelfalle von meinem Disziplinarvorgesetzten hierzu freigegeben worden sind.

Mir ist bekannt gegeben worden, daß das völlige Schweigegebot auch gilt

- a) für alle Tatsachen, die mir durch den Nachrichtenbetrieb zur Kenntnis kommen (Fernsprech- und Telegraphengeheimnis).
- b) für alle Angelegenheiten des Fernmeldedienstes im Falle meiner Gefangennahme.

Durch ....
(Dienstgrad und Name des Verhandlungsführers)

sind mir heute die Vorschriften für die Behandlung der Verschlußsachen in der Wehrmacht (Verschlußsachenvorschrift) bekannt gegeben worden.

Ich bin darüber und über die ergänzenden Bestimmungen der Geschäftsordnung und die Zusatzbefehle ....
(Dienststelle)

eingehend belehrt worden. Ich bin dabei darauf hingewiesen worden, daß diese Vorschriften Befehle in Dienstsachen im Sinne des § 92 des Militärstrafgesetzbuches, die Bestimmungen der Verschlußsachenvorschrift auch Gebote und Verbote zur Sicherung der Landesverteidigung im Sinne des § 92b des Reichsstrafgesetzbuches sind.

Ferner bin ich über alle einschlägigen strafrechtlichen Bestimmungen eingehend belehrt wurden, nämlich über § 62 und § 92 des Militärstrafgesetzbuches, § 92b des Reichsstrafgesetzbuches, § 5a der Kriegssonderstrafrechtsverordnung, §§ 88 bis 90, 90a bis e, 90i, 91b, 92 und 92d des Reichsstrafgesetzbuches, betreffend Landesverrat, ferner über §§ 139, betreffend Anzeigepflicht, und 143a, betreffend Wehrmittelbeschädigung, des Reichsstrafgesetzbuches und § 2 der Wehrkraftschutzverordnung betreffend Störung eines wichtigen Betriebes, ferner über die §§ 353b und 353c des Reichsstrafgesetzbuches, betreffend Verletzung des Amtsgeheimnisses.

Zusatz für Gefolgschaftsmitglieder: Ferner über die §§ 1, 6 und 7 der Verordnung gegen Bestechung und Geheimnisverrat nichtbeamteter Personen.

Ich kenne die angeführten Bestimmungen und Gesetze und bin mir der Pflichten bewußt, die mir aus der mir übertragenen Aufgabe erwachsen. Ich verspreche, sie nach bestem Wissen und Können wahrzunehmen. Ich bin heute auf die gewissenhafte Erfüllung meiner Obliegenheiten und zur Verschwiegenheit durch Handschlag verpflichtet worden.

Mir ist bekannt, daß die Pflicht zur Geheimhaltung auch nach meinem Ausscheiden aus dem Dienst der Wehrmacht weiterbesteht.

Vorgelesen, genehmigt, unterschrieben:

....
(Unterschrift des Verpflichteten)

Geschehen wie oben:

....
(Unterschrift des Verhandlungsführers)

Gesehen: Zu den Personalakten:

....
(Dienststellenleiter)

Anlage 3 zur H.Dv.g. 7.

Auszug aus Anlage 3 zu OKW/WZ (I) Nr. 2260/42 und Chef Transportwesen / Pl. Abt. Nr. 3593/42 (IV, 3) vom 4. Juli 1942 „Merkblatt über Einrichtung und Benutzung von Kurier- und Befehlsempfängerabteilen."

pp.

C. Befehlsempfänger

1. Die Befehlsempfänger gehören nicht zu den Kurieren; für sie werden im allgemeinen keine besonderen Abteile eingerichtet. In den D-Zügen ist auf Antrag ein Sitzplatz in der dritten Klasse am Nummernschild und am Gepäcknetz mit einem Anhängezettel als „Belegt für einen Wehrmachtangehörigen der Dienststelle ....„ zu kennzeichnen. Derartige Anträge sind über die zuständigen Trsp. Kdtr. bei den Reichsbahndirektionen zu stellen, die die Bahnhöfe entsprechend anweisen. In den Eil- und Personenzügen muß der Befehlsempfänger durch rechtzeitiges Erscheinen am Zuge selbst für die Belegung eines Sitzplatzes sorgen.

2. In einigen Zügen werden für Befehlsempfänger von Wehrmachtdienststellen Sonderabteile 3. Klasse vorbehalten und bezeichnet. **Ständig** benötigte Befehlsempfängerabteile sind bei OKW/Chef Transportwesen, Plan-Abt., **einmalig** benötigte bei den zuständigen Transport-Kommandanturen zu beantragen.

3. Befehlsempfänger erhalten kleine Wehrmachtfahrscheine 3. Klasse für die Zuggattung, welche sie zu benutzen haben. Die Entscheidung hierüber trifft die absendende Dienststelle. Nehmen Befehlsempfänger ein besonderes Abteil zur ausschließlichen Benutzung in Anspruch, so muß der kleine Wehrmachtfahrschein für die Zahl der in dem Abteil zu befördernden Personen, mindestens jedoch für 6 Personen, lauten.

   Außer dem Fahrschein erhalten Befehlsempfänger noch den Sonderausweis D oder einen Marschbefehl mit dem Vermerk: „Befehlsempfänger der Dienststelle ...."

4. Eine **Mitbenutzung von Befehlsempfängerabteilen** durch andere Reisende ist ausgeschlossen.

Anlage 4 zur H.Dv.g. 7.

Auszug aus den Strafbestimmungen

I. Ungehorsam.

Militärischer Ungehorsam

§ 92 MStGB.

Wer vorsätzlich einen **Befehl in Dienstsachen** nicht befolgt und dadurch vorsätzlich oder fahrlässig einen erheblichen Nachteil, eine Gefahr für Menschenleben oder in bedeutendem Umfang für fremdes Eigentum oder eine Gefahr für die Sicherheit des Reiches oder für die Schlagfertigkeit oder Ausbildung der Truppe herbeiführt, wird mit geschärftem Arrest nicht unter einer Woche oder mit Gefängnis oder Festungshaft bis zu zehn Jahren bestraft.

Wird die Tat im Felde begangen oder liegt ein besonderer schwerer Fall vor, so kann auf Todesstrafe oder auf lebenslanges oder zeitiges Zuchthaus erkannt werden.

Ist die Tat fahrlässig begangen, so tritt Freiheitsstrafe bis zu fünf Jahren ein.

Dienstpflichtverletzung im Felde

§ 62 MStGB.

Wer im Felde eine Dienstpflicht vorsätzlich verletzt und dadurch fahrlässig bewirkt, daß die Unternehmungen des Feindes gefördert werden oder den deutschen oder verbündeten Truppen Gefahr oder Nachteil bereitet wird, ist mit Zuchthaus bis zu zehn Jahren oder mit Gefängnis oder Festungshaft bis zu zehn Jahren zu bestrafen. In minder schweren Fällen, oder wenn die Verletzung der Dienstpflicht fahrlässig geschehen ist, tritt Freiheitsstrafe bis zu drei Jahren ein.

§ 5a Kriegssonderstrafrechtsverordnung

Gegen Personen, die dem Kriegsverfahren unterliegen, kann wegen strafbarer Handlungen gegen die Manneszucht oder das Gebot des soldatischen Mutes, unter Überschreitung des regelmäßigen Strafrahmens, die Strafe bis zur Höchstgrenze der angedrohten Strafart erhöht oder auf zeitiges oder lebenslanges Zuchthaus oder auf Todesstrafe erkannt werden, wenn es die Aufrechterhaltung der Manneszucht oder die Sicherheit der Truppe erfordert.

Das gleiche gilt für strafbare Handlungen, durch die der Täter einen **besonders schweren Nachteil für die Kriegsführung** oder die Sicherheit des Reiches verschuldet hat, wenn der regelmäßige Strafrahmen nach gesundem Volksempfinden zur Sühne nicht ausreicht.

Ungehorsam gegen Gebote der Reichsregierung.
§ 92b RStGB.

Wer einem von der Reichsregierung zur Sicherung der Landesverteidigung erlassenen **Gebot oder Verbot** zuwiderhandelt, wird mit Geldstrafe bestraft.

Wird die Zuwiderhandlung während eines Krieges gegen das Reich oder bei drohender Kriegsgefahr begangen, so ist die Strafe Gefängnis.

II. Landesverrat
§ 88 RStGB.

Staatsgeheimnisse im Sinne der Vorschriften dieses Abschnittes sind Schriften, Zeichnungen, andere Gegenstände, Tatsachen oder Nachrichten darüber, deren Geheimhaltung vor einer ausländischen Regierung für das Wohl des Reiches, insbesondere im Interesse der Landesverteidigung, erforderlich ist.

Verrat im Sinne der Vorschriften dieses Abschnittes begeht, wer mit dem Vorsatz, das Wohl des Reiches zu gefährden, das Staatsgeheimnis an einen anderen gelangen läßt, insbesondere an eine ausländische Regierung oder an jemand, der für eine ausländische Regierung tätig ist, oder öffentlich mitteilt.

§ 89 RStGB.
(Landesverrat)

Wer es unternimmt, ein Staatsgeheimnis zu verraten, wird mit dem Tode bestraft. Ist der Täter ein Ausländer, so kann auf lebenslanges Zuchthaus erkannt werden.

§ 90 RStGB.
(Ausspähung)

Wer es unternimmt, sich ein Staatsgeheimnis zu verschaffen, um es zu verraten, wird mit dem Tode oder mit lebenslangem Zuchthaus bestraft.

§ 90a RStGB.

Wer durch Fälschung oder Verfälschung Schriften, Zeichnungen oder andere Gegenstände, die im Falle der Echtheit Staatsgeheimnisse wären, herstellt, um sie zu verraten, wird mit Zuchthaus bestraft.

Ebenso wird bestraft, wer Gegenstände, Tatsachen oder Nachrichten darüber, von denen er weiß, daß sie falsch, verfälscht oder unwahr sind und die im Falle der Echtheit oder Wahrheit Staatsgeheimnisse wären, verrät, ohne sie als falsch zu bezeichnen.

Mit Zuchthaus bis zu fünf Jahren wird bestraft, wer Gegenstände, von denen er weiß, daß sie falsch oder verfälscht sind, und die im Falle ihrer Echtheit Staatsgeheimnisse wären, sich verschafft, um sie zu verraten, ohne sie als falsch zu bezeichnen. Falschen, verfälschten oder unwahren Gegenständen, Tatsachen oder Nachrichten (Absatz 2, 3) stehen Staatsgeheimnisse gleich, die der Täter irrtümlich für falsch, verfälscht oder unwahr hält.

In besonders schweren Fällen ist die Strafe in den Fällen der Absätze 1 und 2 lebenslanges Zuchthaus oder Zuchthaus nicht unter fünf Jahren, in den Fällen des Absatzes 3 Zuchthaus nicht unter fünf Jahren.

§ 90b RStGB.

Wer **frühere Staatsgeheimnisse**, die den ausländischen Regierungen, vor denen sie geheimzuhalten waren, bereits bekanntgeworden oder bereits öffentlich mitgeteilt worden sind, öffentlich mitteilt oder erörtert, und dadurch das Wohl des Reiches gefährdet, wird mit Gefängnis nicht unter drei Monaten bestraft.

Dasselbe gilt für Gegenstände, Tatsachen oder Nachrichten der im § 90a, Absatz 2, 4 bezeichneten Art, die bereits den ausländischen Regierungen bekanntgeworden oder öffentlich mitgeteilt worden sind. Die Tat wird nur auf Antrag der Reichsregierung verfolgt. Die Zurücknahme des Antrages ist zulässig.

§ 90c RStGB.
(Unterhalten von Beziehungen)

Wer zu einer ausländischen Regierung oder zu einer Person, die für eine ausländische Regierung tätig ist, in Beziehung tritt oder mit ihr Beziehungen unterhält, welche die Mitteilung von Staatsgeheimnissen oder von Gegenständen, Tatsachen oder Nachrichten der im § 90a, Absatz 2, 4 bezeichneten Art zum Gegenstande haben, wird mit Gefängnis bestraft.

Ebenso wird bestraft, wer für eine ausländische Regierung tätig ist und zu einem anderen in Beziehungen der im Absatz 1 bezeichneten Art tritt oder solche Beziehungen mit einem anderen unterhält. § 82, Absatz 2, Satz 2 findet Anwendung.

§ 90d RStGB.

Wer es unternimmt, ein Staatsgeheimnis an einen anderen gelangen zu lassen und dadurch fahrlässig das Wohl des Reiches gefährdet, wird mit Gefängnis bestraft.

Ebenso wird bestraft, wer es unternimmt, sich ein Staatsgeheimnis zu verschaffen und dadurch fahrlässig das Wohl des Reiches gefährdet.

§ 90e RStGB.

Wer fahrlässig ein Staatsgeheimnis, das ihm kraft seines Amtes oder seiner dienstlichen Stellung oder eines von amtlicher Seite erteilten Auftrages zugänglich war, an einen anderen gelangen läßt und dadurch das Wohl des Reiches gefährdet, wird mit Gefängnis bis zu drei Jahren bestraft.

Die Tat wird nur auf Antrag der Reichsregierung verfolgt. Die Zurücknahme des Antrages ist zulässig.

§ 90i RStGB.

Ein Deutscher, der von einer ausländischen Regierung oder von jemand, der für eine ausländische Regierung tätig ist, für eine Handlung, die das Wohl des Reiches gefährdet, ein Entgelt fordert, sich versprechen läßt oder annimmt, wird, soweit nicht nach anderen Vorschriften eine schwerere Strafe verwirkt wird, mit Zuchthaus bis zu zehn Jahren bestraft.

Wird das Entgelt durch eine schriftliche Erklärung gefordert oder angenommen, so ist die Tat vollendet, wenn der Täter die Erklärung abgesandt hat.

Die Tat wird nur auf Antrag der Reichsregierung verfolgt. Die Zurücknahme des Antrages ist zulässig.

§ 91b RStGB.
(Feindbegünstigung)

Wer im Inland oder als Deutscher im Ausland es unternimmt, während eines Krieges gegen das Reich oder in Beziehung auf einen drohenden Krieg **der feindlichen Macht Vorschub zu leisten** oder der Kriegsmacht des Reichs oder seiner Bundesgenossen einen Nachteil zuzufügen, wird mit dem Tode oder mit lebenslangem Zuchthaus bestraft.

Wenn die Tat nur einen unbedeutenden Nachteil für das Reich und seine Bundesgenossen und nur einen unbedeutenden Vorteil für die feindliche Macht herbeigeführt hat, schwerere Folgen auch nicht herbeiführen konnte, so kann auf Zuchthaus nicht unter zwei Jahren erkannt werden.

§ 92 RStGB.

Wer ein Verbrechen der Landesverrats nach den §§ 89 bis 90a, 90f bis 91b mit einem anderen verabredet, wird mit Zuchthaus bestraft.

Ebenso wird bestraft, wer zu einem der im Absatz 1 bezeichneten Verbrechen auffordert, sich erbietet oder eine solche Aufforderung oder ein solches Anerbieten annimmt. Erklärt der Täter die Aufforderung, das Erbieten oder die Annahme schriftlich, so ist die Tat vollendet, wenn er die Erklärung abgesandt hat.

Nach den Vorschriften der Absätze 1, 2 wird nicht bestraft, wer freiwillig seine Tätigkeit aufgibt und bei Beteiligung mehrerer das Verbrechen verhindert.

In besonders schweren Fällen ist auf Todesstrafe zu erkennen.

§ 92d RStGB.

Wer vorsätzlich über amtliche Ermittlungen oder Verfahren wegen eines in diesem Abschnitt bezeichneten Verbrechens oder Vergehens ohne Erlaubnis der zuständigen Behörde **Mitteilungen in die Öffentlichkeit** bringt, wird mit Gefängnis bestraft.

III. Wehrmittelbeschädigung

§ 143a RStGB.

Wer vorsätzlich ein Wehrmittel oder eine Einrichtung, die der deutschen Landesverteidigung dient, zerstört, unbrauchbar macht, beschädigt, preisgibt oder beiseite schafft, und dadurch vorsätzlich oder fahrlässig die Schlagfertigkeit der deutschen Wehrmacht gefährdet, wird mit Gefängnis nicht unter sechs Monaten bestraft.

In schweren Fällen ist auf Todesstrafe oder auf lebenslanges oder zeitiges Zuchthaus zu erkennen.

Ebenso wird bestraft, wer vorsätzlich ein Wehrmittel oder eine solche Einrichtung, oder den dafür bestimmten Werkstoff, fehlerhaft herstellt oder liefert, oder eine fehlerhafte Herstellung oder Lieferung wissentlich begünstigt und dadurch, vorsätzlich oder fahrlässig, die Schlagfertigkeit der deutschen Wehrmacht gefährdet. Der Versuch ist strafbar.

Wer leichtfertig handelt, und dadurch fahrlässig die Schlagfertigkeit der deutschen Wehrmacht gefährdet, wird mit Gefängnis bestraft.

§ 2 Wehrkraftschutzverordnung
(Störung eines wichtigen Betriebes)

Wer das ordnungsmäßige Arbeiten eines für die Reichsverteidigung oder die Versorgung für die Bevölkerung wichtigen Betriebes dadurch stört oder gefährdet, daß er eine dem Betrieb dienende Sache ganz oder teilweise unbrauchbar macht oder außer Tätigkeit setzt, wird mit Zuchthaus, in besonders schweren Fällen mit dem Tode, bestraft.

In minder schweren Fällen ist die Strafe Gefängnis.

IV. Anzeigepflicht

§ 139 RStGB.

Wer von dem Vorhaben eines Hochverrats oder Landesverrats, einer Wehrmittelbeschädigung, eines Verbrechens wider das Leben, eines Münzverbrechens, eines Raubes, Menschenraubes oder gemeingefährlichen Verbrechens glaubhafte Kenntnis erhält und es unterläßt, der Behörde oder dem Bedrohten hiervon zur rechten Zeit Anzeige zu machen, wird mit Gefängnis bestraft. Ist die Tat nicht versucht worden, so kann von der Strafe abgesehen werden.

In besonders schweren Fällen kann auf Zuchthaus und wenn die geplante Tat mit dem Tode bedroht ist, auch auf lebenslanges Zuchthaus oder auf Todesstrafe erkannt werden.

V. Amtsgeheimnis
§ 353b RStGB.

Ein Beamter oder früherer Beamter, der unbefugt ein ihm bei Ausführung seines Amtes anvertrautes oder zugänglich gewordenes **Geheimnis offenbart** und dadurch wichtige öffentliche Interessen gefährdet, wird mit Gefängnis, in besonders schweren Fällen mit Zuchthaus bis zu zehn Jahren bestraft; hat der Täter mit der eingetretenen Gefährdung fahrlässig nicht gerechnet, so ist auf Gefängnis bis zu zwei Jahren oder auf Geldstrafe zu erkennen.

Einem Beamten steht **eine** für eine Behörde tätige **Person** gleich, **die** auf die gewissenhafte Erfüllung ihrer Dienstpflicht durch Handschlag oder zur Verschwiegenheit besonders **verpflichtet worden ist**.

Der Versuch ist strafbar.

Die Tat wird nur mit Zustimmung der dem Täter vorgesetzten Behörde und, wenn er nicht mehr in seinem Amt oder seiner Stellung ist, mit Zustimmung der letztvorgesetzten Behörde verfolgt. Die Verfolgung von Personen, die zur Verschwiegenheit besonders verpflichtet worden sind, tritt nur auf Anordnung des Reichsministers der Justiz ein.

§ 353c RStGB.

Wer, abgesehen von dem Fall des § 353b, unbefugt **ein amtliches Schriftstück**, das als geheim oder vertraulich bezeichnet worden ist, oder dessen wesentlichen Inhalt ganz oder zum Teil **einem anderen mitteilt** und dadurch wichtige öffentliche Interessen gefährdet, wird mit Gefängnis bestraft.

Ebenso wird bestraft, wer unbefugt einem anderen **eine Mitteilung weitergibt**, zu deren Geheimhaltung er von einer zuständigen Stelle besonders verpflichtet worden ist und dadurch wichtige öffentliche Interessen gefährdet.

In besonders schweren Fällen ist die Strafe Zuchthaus bis zu 10 Jahren.

Hat der Täter mit der eingetretenen Gefährdung fahrlässig nicht gerechnet, so ist auf Gefängnis bis zu zwei Jahren oder auf Geldstrafe zu erkennen.

Der Versuch ist strafbar.

Die Tat wird nur auf Anordnung des Reichsministers der Justiz verfolgt.

Verordnung gegen Bestechung und Geheimnisverrat nichtbeamteter Personen

in der Fassung vom 22. Mai 1943

§ 1

Wer, ohne Beamter zu sein, **bei einer Behörde** oder einer Körperschaft des öffentlichen Rechts oder, sofern sich der Staat ihrer für die staatliche Wirtschaftslenkung bedient, bei einer berufsständigen Organisation, einer Personenvereinigung des Handelsrechts, einem Kartell oder einem wirtschaftlichen Verbande haupt- oder nebenamtlich **beschäftigt** oder ehrenamtlich tätig **ist, kann** auf die gewissenhafte Erfüllung seiner Obliegenheiten durch Handschlag **verpflichtet werden.**

Bei Behörden bestimmt der vorgesetzte Minister, bei sonstigen Organisationen der Minister, dem die Aufsicht über die Organisation zusteht, wer die Verpflichtung vorzunehmen hat und in welcher Form die Verpflichtung erfolgen soll. Der Minister kann die Befugnis, diese Bestimmung zu treffen, auf unterstellte Behörden und Dienststellen, mit Ausnahme der Behörden und Dienststellen der unteren Stufe, übertragen.

Bei der Verpflichtung sollen die zu verpflichtenden Personen auf die Bestimmungen dieser Verordnung hingewiesen werden. Über die Verpflichtung wird ein Protokoll aufgenommen, das der Verpflichtete mit unterzeichnet.

Wer nach § 2 der Allgemeinen Tarifordnung für Gefolgschaftsmitglieder im öffentlichen Dienst (ATO) durch Gelöbnis, Unterzeichnung einer Erklärung oder Berufung auf ein früheres Gelöbnis, oder eine frühere schriftliche Erklärung verpflichtet worden ist, steht während der Geltungsdauer dieser Verpflichtung einem nach Absatz 1 Verpflichteten gleich.

§ 6 Absatz 1

Wer gemäß § 1 verpflichtet worden ist, wird, soweit nicht nach anderen Bestimmungen eine schwerere Strafe verwirkt ist, mit Gefängnis und mit Geldstrafe oder mit einer dieser Strafen bestraft, wenn er **die infolge seiner Tätigkeit erlangten Kenntnisse** über Einrichtungen oder Maßnahmen der Behörde oder der Organisation dazu **mißbraucht**, sich oder einem anderen, einen Vermögensvorteil zu verschaffen oder einem anderen Schaden zuzufügen.

§ 7 Absatz 1

Wer gemäß § 1 verpflichtet worden ist, wird mit Geldstrafe oder Gefängnis bestraft, wenn er **Geschäfts- oder Betriebsgeheimnisse eines Dritten**, die infolge seiner Tätigkeit zu seiner Kenntnis gelangt sind, unbefugt offenbart.